BEI GRIN MACHT SICH IHR WISSEN BEZAHLT

Martin Richtlinger

Diagnostik und Förderung bei Lernschwierigkeiten und Lernstörungen

GRIN Verlag

Bibliografische Information der Deutschen Nationalbibliothek:

Die Deutsche Bibliothek verzeichnet diese Publikation in der Deutschen National-bibliografie; detaillierte bibliografische Daten sind im Internet über http://dnb.d-nb.de/ abrufbar.

Impressum:

Copyright © 2014 GRIN Verlag GmbH
Druck und Bindung: Books on Demand GmbH, Norderstedt Germany
ISBN: 978-3-656-76463-2

Dieses Buch bei GRIN:

http://www.grin.com/de/e-book/278858/diagnostik-und-foerderung-bei-lernschwie-rigkeiten-und-lernstoerungen

GRIN - Your knowledge has value

Der GRIN Verlag publiziert seit 1998 wissenschaftliche Arbeiten von Studenten, Hochschullehrern und anderen Akademikern als eBook und gedrucktes Buch. Die Verlagswebsite www.grin.com ist die ideale Plattform zur Veröffentlichung von Hausarbeiten, Abschlussarbeiten, wissenschaftlichen Aufsätzen, Dissertationen und Fachbüchern.

Besuchen Sie uns im Internet:

http://www.grin.com/

http://www.facebook.com/grincom

http://www.twitter.com/grin_com

„Diagnostik und Förderung bei Lernschwierigkeiten und Lernstörungen"

Inhaltsverzeichnis:

1. Einleitung – Über die besondere Bedeutung der Diagnostik von Lernschwierigkeiten

Lernschwierigkeiten und Lernstörungen sind keine Seltenheit mehr an deutschen Schulen. Nahezu in jeder Klasse und Lerngruppe finden sich Kinder und Jugendliche mit einer problematischen oder unrealistischen Selbst- und Fremdwahrnehmung, mit gestörter Lernfähigkeit oder Lernhemmungen, die nicht mehr nur durch gutes Zureden zu überwinden sind. Doch es ist bereist im Schulgesetz verankert, dass es Aufgabe von Schulen ist gerade diese Kinder zu unterstützen und zu fördern, und somit auch Aufgabe des Lehrenden diese Störungen zu erkennen und auf diese Jugendlichen im Lernprozess besondere Rücksicht zu nehmen. Kurzum, es wird immer wichtiger sich mit diesen Lernstörungen und Lernschwierigkeiten auseinanderzusetzen, um den Unterricht und Lernprozess zu optimieren. Die Erwartungen an die Schulen wachsen, therapeutisch und professionell mit „schwierigen" Kindern umzugehen, unter Anderem auch deshalb, weil die Störungen der Lernfähigkeit unter allen Störungen die höchste Zuwachsrate haben. Doch um Helfen und Fördern zu können, benötigt der Lehrer Wissen und Fertigkeiten im diagnostischen Bereich.

Im Folgenden soll verdeutlicht werden, dass der Diagnostik von Lernschwierigkeiten und Störungen eine übergeordnete Rolle an Schulen zukommt und ein bestimmtes Hintergrundwissen für die Lehrkraft erforderlich ist, um den Unterricht für alle Lernenden ansprechend und fördernd zu gestalten.

Dazu soll zunächst die Pädagogische Diagnostik und der diagnostische Prozess an Schulen im Allgemeinen thematisiert werden, um dann auf die Förderung von Jugendlichen und Kindern mit Lernschwierigkeiten näher einzugehen. Hierbei werden theoretisch Ursachen untersucht und verschiedene Entwicklungs- und Wahrnehmungsstörungen in den Mittelpunkt gestellt. Es sollen die häufigsten Störungen analysiert werden, um die späteren Lehrer dafür zu sensibilisieren. Weiterhin soll nach der exemplarischen Behandlung einiger Störungen, ein knapper Leitfaden für den förderdiagnostischen Prozess herausgearbeitet werden, welcher einen Handlungsansatz für die Lehrkraft bieten soll.

2. Pädagogische Diagnostik in Schulen

Der Lehrerberuf ist untrennbar mit der Tätigkeit des Bewertens und Beurteilens von Leistungen verbunden. Zum schulischen Alltag der Lehrkraft gehört mit andern Worten die Leistungsfeststellung der Lehrenden. Doch was bedeutet nun das pädagogische Diagnostizieren und warum ist es eine unbedingte Notwendigkeit an Schulen und anderen Bildungseinrichtungen geworden. Hierzu ist es zunächst wichtig sich über den Begriff der pädagogischen Diagnostik, deren Inhalte, Verfahren und Ziele klar zu werden. Beim pädagogischen Diagnostizieren werden „Lernvorgänge einschließlich ihrer Vorraussetzungen, Rahmenbedingungen und Ergebnisse untersucht, um aktuelle Lernvorgänge zu optimieren oder Lernerfolge für die Gesellschaft zu optimieren" (Ingenkamp, Lissmann 2008: S. 19).

Das heißt beim Diagnostizieren werden Lern- und Lehrprozesse hinsichtlich verschiedener Aspekte untersucht. Zuerst wird ein fachliches oder didaktisches Ziel bestimmt, um dann die Daten mittels entsprechender aufs Ziel abgestimmter Verfahren zu erheben und im nächsten Schritt werden die Ergebnisse der diagnostischen Tätigkeit interpretiert und der Lehrende zieht entsprechende Schlüsse, um für den Lernenden richtige Entscheidungen zu treffen.

Es ist eine Tatsache, dass bei diesen Prozessen die Diagnosekompetenz des Lehrers einen erheblichen Einfluss auf den Lernerfolg der Lernenden haben kann und dass sogar oftmals gleiche Ergebnisse unterschiedlich bewertet werden (vgl. Paradies, Linser, Greving 2007: S. 17). Man muss jedoch gleich zu Beginn deutlich machen, dass jedes Urteil und jede Beobachtung von subjektiven Faktoren abhängt. Ist sich der Lehrende dessen bewusst, fällt es leichter systematisch vorzugehen und sich klar zu werden, welche pädagogisch ungünstigen Voreingenommenheiten die Diagnose trüben könnten. So kann beispielsweise bestimmte Kleidung, das Geschlecht und ein höfliches Auftreten oder persönliche Sympathie für den Lernenden den professionellen Blickwinkel des Beurteilers verzerren. Dieser Realität muss man sich an der Schule stellen und lernen selbstkritisch damit umzugehen.

Im Folgenden sollen nun die Ziele der schulischen Diagnose analysiert und herausgestellt werden. So dient die Beurteilung in der Schule einerseits der Leistungsbewertung. Rückmeldung über ihre schulische Leistung bezüglich fachlichen Wissens und Lernfortschritts erhalten die Schülerrinnen und Schüler[1] zumeist über das klassische Notensystem von 1 bis 6. Um Leistungsstärken und Defizite bei SuS zu erkennen, helfen seit neustem auch die in vielen Schulen bereits eingeführten Bildungsstandards. Diese wurden als Folge der PISA-Studie in Deutschland erarbeitet und markieren die Mindestkompetenzen, die von den Lernenden erwartet werden. Die Bildungsstandards sind verständlich formuliert und beziehen sich auf die Kernthematiken eines Fachs. Diese Standards sollen dann bestenfalls von allen SuS beherrscht werden und in einheitlichen Leistungstests überprüft werden können. Solche Tests gibt es beispielsweise bereits in Niedersachsen am Ende von Klasse 3, 6, 8 und 10 in den Fächern Mathematik, Deutsch und der ersten Fremdsprache (vgl. Paradies, Linser, Greving 2007: S. 29). Das bedeutet also, die Bildungsstandards bieten für die pädagogische Diagnostik einen wichtigen Anhaltspunkt, insbesondere um frühzeitig Defizite festzustellen und individuelle Förderpläne auf der Basis dieser Erkenntnisse zu erstellen. Deshalb sind sie als Vorteil bei der Leistungsfeststellung und Schwächenanalyse bei SuS zu sehen, denn „wer einmal den Anschluss verloren hat, auf einer bestimmten Stufe eine bestimmte Kompetenz gar nicht oder nicht sicher beherrscht, kann kaum sinnvoll oder eigenständig weiterlernen" (Paradies, Linser, Greving 2007: S. 29). Ein weiteres Ziel der schulischen Diagnose ist die Verbesserung der Gestaltung des Unterrichts, was direkt mit dem Erkennen von Lernbegabungen und dem Erkennen von Lernschwierigkeiten und Störungen zusammenhängt.

Auf Letzteres soll im Verlauf noch näher eingegangen werden, da es besonders wichtig ist Lernstörungen und Schwierigkeiten als solche bei SuS zu erkennen und gezielt zu fördern, da diese den Lernenden erheblich beeinträchtigen können und so auch eine negative Auswirkung auf Klassen- und Lernklima haben können. Lernprobleme führen nämlich schnell zur Frustration und Resignation, wenn ihre Ursachen nicht erkannt werden. Nicht zuletzt unter Berücksichtigung der

---

[1] Im Folgenden mit SuS abgekürzt.

gesamtgesellschaftlichen Entwicklungen, die häufig unter dem Stichwort „veränderte Kindheit" zusammengefasst werden, wird deutlich, dass immer mehr Kinder und Jugendliche Lernschwierigkeiten haben und dass es auch Aufgabe der Lehrkraft ist die Ursachen dieser zu ergründen und die SuS gerade in dieser Hinsicht individuell zu fördern.

Die schulische Diagnose dient also im Allgemeinen der Verbesserung und Optimierung des individuellen Lernens. Es soll nun im Folgenden zunächst auf den Zusammenhang von Beobachten, Diagnostizieren und Fördern auf einer recht allgemeinen Ebene eingegangen werden, um dann speziell auf die Diagnose und Förderung bei Lernschwierigkeiten in verschiedenen Bereichen einzugehen. Es wird deutlich werden, dass eben besonders in diesem Bereich die diagnostische Tätigkeit der Lehrenden gefordert wird.

3. Diagnostisches Handeln und Individuelles Fördern

Zu Beginn dieses Abschnitts soll zunächst noch einmal genau erläutert werden, was man unter diagnostischem Handeln versteht und welche Tätigkeiten und Phasen darin eingeschlossen sind. So legt der Diagnostiker vor jeder weiteren Tätigkeit vorerst Kriterien für die Beobachtung fest. Der Lehrende beobachtet dann im Hinblick auf das festgelegte Kriterium die Lernenden im Lernprozess oder beobachtet das Verhalten eines Einzelnen. Mit den Ergebnissen dieser Beobachtung kann auf unterschiedliche Weise verfahren werden. So kann beobachtetes Verhalten verglichen werden. Beispielsweise mit früherem Verhalten der Person oder mit Verhaltensbeschreibungen oder Verhaltensstandards. Häufig werden Beobachtungen dann gründlich analysiert, um Ursachen und Gründe für eventuell abweichendes Verhalten oder Störungen zu erkennen. Weiterhin schließt die Ergebnisauswertung meist auch eine Prognose und natürlich eine Interpretation ein (vgl. Ingenkamp, Lissmann 2008: S. 42). Die Prognose als diagnostische Handlung wird in den Schulen oft wie selbstverständlich praktiziert. So wird Verhalten oder Lernfortschritt prognostiziert oder das Bestehen eines Schülers auf einer weiterführenden Schule. Die umfassendste und komplexeste Handlungsform der Diagnostik ist wohl das Interpretieren von beobachtetem

Verhalten. Hierbei werden die Informationen unterschiedlich gewichtet und gewertet und letztendlich zu einem Gesamtbild zusammengefügt. Der Vorgang der Urteilsfindung und Interpretation unterscheidet sich erheblich, „je nachdem, ob der Lehrer nur eigene Wahrnehmungen interpretiert oder auch vorliegende Ergebnisse von Fremdbeobachtungen oder objektiven Verfahren" (Ingenkamp, Lissmann 2008: S. 42). Bei beiden Varianten können Probleme auftreten. So kann die Lehrkraft im ersten Punkt bereits in der Datensammlung Vorurteilen oder subjektiven Beeinflussungen unterliegen und interpretiert dann diese persönlich voreingenommenen Daten. Im anderen Fall besteht die Gefahr, dass Meinungen und Informationen einfach unreflektiert übernommen werden. Wichtig ist, dass die Interpretation immer vor dem Hintergrund bestimmter Bezugsnormen stattfindet. Das heißt, vergleicht der Diagnostiker die Ergebnisse mit sozial festgelegten Standards, handelt es sich um die soziale Bezugsnorm. Werden andernfalls die Daten in Bezug zu früheren Leistungen oder Verhaltensbeobachtungen des Lernenden gesetzt, handelt es sich um die individuelle Bezugsnorm. Am Ende steht noch die sachliche Bezugsnorm, die sich hauptsächlich an Lernzielen und gesetzten Kriterien orientiert.

Ist der Diagnostiker dann zu einer Verhaltensbeurteilung gekommen, besteht ein letzter Handlungsschritt auch darin, die gewonnenen Ergebnisse zu kommunizieren. Denn bei der pädagogischen Diagnostik in Schulen sollten immer auch Eltern und Fachlehrer, sowie Klassenlehrer informiert und mit einbezogen werden. Bestenfalls zielen dann die Diagnostik und ihre Handlungen auf die Realisierung einer konkreten Förderung. Im Folgenden soll dieser Begriff genauer beleuchtet werden und geklärt werden, warum man nur individuell Fördern kann.

Zunächst einmal ist wohl jedem Lehrer klar, dass es in einer Schulklasse verschiedene Leistungsniveaus gibt. Einige Kinder liegen oberhalb bestimmter Bezugsnormen und wollen weiter gefördert werden, da oft die gestellten Aufgaben schnell bewältigt sind und dann Langeweile und Unterforderung dominieren. Andere SuS wiederum liegen unterhalb festgesetzter Kriterien und es gilt sie auf ein bestimmtes Mindestniveau hin zu fördern. Oftmals wird bei dieser Argumentation das „Rasenmäher-Prinzip" angeführt. Dies bedeutet, alle werden bis auf ein bestimmtes Level gebracht, um dann überstehende Halme abzumähen. Es ist jedoch erwiesen, dass gerade unterschiedliche Niveaus und die Heterogenität einer Lerngruppe mit der richtigen pädagogischen Förderung zu großen Erfolgen für lernschwache und lernstarke SuS führen können (vgl.: Paradies, Linser, Greving 2007: S. 37). Ein wichtiges Stichwort in diesem Zusammenhang ist die Binnendifferenzierung. Das bedeutet unter Anderem, dass an das bereits vorhandene Wissen des Lernenden angeknüpft wird, um ihm einen individuellen Entwicklungsfortschritt zu ermöglichen. Im Mathematikunterricht wird dies beispielsweise über Wahlaufgaben und sogenannte offene Aufgaben realisiert. Diese lassen unterschiedliche Denk- und Arbeitsweisen zu und bieten den lernschwachen Schülern ein zu erreichendes Mindestniveau, jedoch auch andererseits den Leistungsstarken eine Möglichkeit mehr und anspruchsvoller zu Arbeiten (vgl: Bruder, Leuders, Büchter 2008: S. 71). Kurzum ist es wenig sinnvoll sich als Lehrkraft auf einer mittleren Schwierigkeitsstufe anzusiedeln, denn dort werden dann einerseits die schwachen SuS überfordert, die lernstarken SuS aber auch unterfordert. Der Kern dieser Argumentation ist also, dass in der pädagogischen Diagnostik letztendlich nur individuell und nicht „im Gleichschritt" gefördert werden kann. Dieses persönliche Fördern sollte jedem Schüler die Möglichkeit eröffnen, „durch geeignete Maßnahmen sein motorisches, intellektuelles, emotionales und soziales Potential umfassend zu entwickeln" (Paradies, Linser, Greving 2007: S. 38). Solche Maßnahmen können beispielsweise eine individuell zugeschnittener Förderplan sein oder die Anpassung von Lern- und Arbeitsmaterialien, andere spezielle Fördermethoden oder gar die Hilfe eines Spezialisten für bestimmte Verhaltensstörungen. Was auch immer die Maßnahmen sein mögen, am Beginn einer Förderplanung müssen sie zunächst immer genau durchdacht und strukturiert werden. Außerdem sollte die Lehrkraft nie aus den Augen verlieren, dass sich alle gemeinsame Förderarbeit stets auf die Auseinandersetzung mit den Unterrichtsinhalten bezieht.

Abschließend soll noch angesprochen werden, dass eine klare Tendenz im deutschen Bildungswesen erkennen lässt: „Schule und Lehrer werden sich in Zukunft in ganz anderem Maße als bisher mit dem jeweils einzelnen Schüler, mit seinen Stärken und Schwächen befassen und ihn möglichst individuell fördern und fordern müssen" (Paradies, Linser, Greving 2007: S. 44).

4. Förderung von Schülern mit Lernschwierigkeiten und Lernstörungen

Im Folgenden soll nun speziell auf die Diagnose und die Förderung von Lernschwierigkeiten und Lernstörungen eingegangen werden. Hierzu werden exemplarisch einige bekannte Entwicklungs- und Wahrnehmungsstörungen und weiterhin auch Ursachen für Lernschwierigkeiten untersucht. Hierbei soll nun explizit auch darauf eingegangen werden, welche Möglichkeiten die Lehrkraft hat mit diesen Störungen umzugehen und der Rückbezug zur pädagogischen Diagnostik hergestellt werden, denn die diagnostische Kompetenz eines Lehrers setzt sich letztendlich aus Können und Wissen zusammen. Oftmals werden Lernstörungen als solche zu spät oder gar nicht erkannt und Fehlverhalten von SuS nicht weitgehend genug interpretiert. Kurzum ist es gerade in diesem Bereich wichtig, die Kompetenzen der Lehrkräfte zu schulen und sie im Allgemeinen „wacher" zu machen für diese heikle Thematik, die viel an psychologischem und medizinischem Hintergrundwissen voraussetzt. Es soll hier keinerlei Anspruch auf Vollständigkeit erhoben werden, die folgenden Ausführungen dienen allein dazu, einen Überblick zu geben und Lösungsansätze vorzustellen.

Doch warum sollte die Diagnostik von Lernschwierigkeiten überhaupt eine so wichtige Rolle spielen?

Fakt ist, dass an den Schulen 4-7% aller Lernenden von sogenannten persistierenden Lernstörungen betroffen sind (Wong 2008: S 1). Diese liegen vor, „wenn bei durchschnittlicher oder überdurchschnittlicher Intelligenz (...) schulische Leistungsergebnisse dauerhaft im weit unterdurchschnittlichen Bereich angesiedelt sind" (Wong 2008: S. 1). Zu diesen persistierenden Störungen, häufig auch als umschriebene Entwicklungsstörungen bezeichnet, zählen unter Anderem die Lese-/ Rechtschreibschwäche (kurz: LRS) und die Rechenschwäche Dyskalkulie, welche später noch genauer betrachtet werden sollen.

Weiterhin ist es erwiesen, dass die Lernstörungen unter allen Störungen die höchste Zuwachsrate haben. So nahm zwischen 1976 und 1982 die Anzahl der Lernenden, die aufgrund von Lernschwierigkeiten oder Lernstörungen Fördermaßnahmen erhielten, um 130% zu (Wong 2008: S. 3).

Als letzter Punkt, der die bedeutende Rolle der Diagnostik von Lernschwierigkeiten unterstreicht, kann auch das Schulgesetz herangezogen werden. So heißt es in § 10 Abs. 1 des Schulgesetzes: „Jede Schulart und jede Schule ist der individuellen Förderung der Schülerinnen und Schüler verpflichtet (…)" (www.foederung.bildung-rp.de/individuelle-foederung.html, Stand: 20.08.2010). Des Weiteren gilt es insbesondere SuS mit Migrationshintergrund, autistischen Syndrom, langwierigen Krankheiten, sowie besonderen Begabungen oder auch Lernschwierigkeiten erhöhte Aufmerksamkeit bei der Förderung zukommen zu lassen (vgl.:www.foederung.bildung-rp.de/individuelle-foederung.html, Stand: 20.08.2010). Hierbei ist die Diagnose von Lernschwierigkeiten in dem Sinne hauptsächlich wichtig, um den Unterstützungsbedarf eines Schülers einzuschätzen und die individuelle Förderung auf eventuelle Störungen in der Entwicklung abzustimmen. Meist benötigen diese Kinder mehr Aufmerksamkeit und Unterstützung im Unterrichtsgeschehen selbst, sowie ein ganzheitliches und individuelles Förderprogramm. Im weiteren Verlauf soll nun zunächst nochmals genauer auf den Begriff der Lernstörung oder Lernschwierigkeit eingegangen werden, um sich danach mit den möglichen Ursachen einer Lernschwäche auseinanderzusetzen.

4.1. Mögliche Ursachen von Lernstörungen

Zunächst einmal sei festgehalten, dass hier Lernschwierigkeiten im engeren Sinne betrachtet werden, also Schwächen und Störungen der Lernfähigkeit. Weiterhin sei vorangestellt, dass die Ursachen solcher Lernschwierigkeiten sehr komplex sind und nicht zur Gänze wissenschaftlich erfasst. Es handelt sich meist um viele verschiedene Faktoren, die einander bedingen und so eine Lernstörung hervorbringen können.

Man geht jedoch im Allgemeinen davon aus, dass unter Anderem genetische und biologische Faktoren eine Rolle spielen und so Wahrnehmungsstörungen beim Hören oder Sehen auslösen und auch die Umwelteinflüsse, denen ein Kind ausgesetzt ist, bei der Entwicklung eine wichtige Komponente darstellen (vgl. Pfluger-Jakob 2007: S. 33). Was bedeutet das nun im Konkreten?

Wie bereits angesprochen haben sich die Bedingungen unter denen Kinder heute auswachsen stark verändert. Das heißt beispielsweise, dass viele Kinder nicht mehr viel draußen in der freien Natur sind und ihre Nachmittage eher vor Fernsehen oder Computer verbringen. Vielen Eltern scheint dabei nicht klar zu sein, dass auch ein übersteigerter Medienkonsum, beengte Wohnverhältnisse, geringer Spielraum und Mangel an Bewegung zu soziokulturellen Faktoren zählen, die die Ausprägung einer Lernstörung begünstigen (vgl. Pfluger-Jakob 2007: S. 33). Weiterhin können auch psycho-soziale Komponenten zu den Ursachen zählen. Darunter können unter Anderem „starker Stress in frühkindlichen Entwicklungsphasen (Trennung von der Bezugsperson, Verwahrlosung, viele Angst auslösende Situationen, Traumatisierung durch Misshandlung, sexueller Missbrauch oder medizinische Eingriffe) [und] andauernde schwere psychische Belastungen" (Pfluger-Jakob 2007: S. 33) gefasst werden. Außerdem können auch bestimmte Erziehungsstile die Entwicklung eines Kindes negativ beeinflussen. So führt beispielsweise ein sehr strenger und autoritärer Stil häufig zu Angst und Hemmungen beim Kind. Am entgegen gesetzten Pol findet sich der überfürsorgliche Stil, der wiederum die Fähigkeit eines Kindes hemmen kann, Probleme zu lösen und letztendlich das Selbstwertgefühl und den Antrieb des Zöglings schwächt. Häufig wird auch das neuere „Laissez-faire" kritisiert. Bei dieser Erziehung fehlen den Kindern Orientierungsmarken und Grenzen. Ihnen ist so gut wie Alles erlaubt und sie werden mehr oder weniger sich selbst überlassen. Dies kommt jedoch oft einer Vernachlässigung gleich, da die Kinder durch die Grenzenlosigkeit verunsichert und verängstigt werden können (vgl. Pfluger-Jakob 2007: S. 33). Es soll jedoch nochmals erwähnt sein, dass häufig verschiedene Faktoren einander bedingen und so die Lernstörung auslösen. So kann eine Lernschwierigkeit durchaus ein Phänomen der Benachteiligung oder Vernachlässigung sein, also durch sozio-ökonomische Faktoren ausgelöst werden. Dann befinden sich die Lernenden diesbezüglich in einer schlechten Ausgangslage, da ihnen wichtige Entwicklungsimpulse fehlten. Aber eine Lernschwierigkeit kann auch ein individueller, genetisch oder biologisch bedingter Defekt sein, der meist mit einer gestörten Wahrnehmung im Bereich des Sehens oder Hörens zusammenhängt.

Im Weiteren soll nun aus einige umschriebene Entwicklungsstörungen näher eingegangen werden. Es sei erwähnt, dass es neben diesen persistierenden Störungen, die die Lernfähigkeit im Allgemeinen beeinträchtigen, auch die sogenannten „passager-thematisch umschriebenen Störungen" gibt. Diese „beschreiben eine Aneignungsbeeinträchtigung, die nur bestimmte isolierte Lernbereiche betrifft und die Möglichkeit einer spontanen oder interventionsbezogenen Verbesserung oder Aufhebung bereithält" (www.sonderpaed-online.de, Stand: 20.08.2010).

4.2. Umschriebene Entwicklungsstörungen
4.2.1. Lese-/ Rechtschreibschwäche

Die Lese-/ Rechtschreibschwäche (kurz: LRS) ist die häufigste diagnostizierte Lernstörung, weshalb es für eine Lehrkraft unabdingbar ist sich darüber zu informieren und die jeweiligen Fördermaßnahmen zu kennen. Im Folgenden soll das Phänomen der Lese-/ Rechtschreibschwäche im Kontext verschiedener Bildungseinrichtungen entsprechend des Kindesalters thematisiert werden. Hierbei wird auf Begleiterscheinungen, Störbilder und Handlungsansätze für die Lehrkraft eingegangen, wobei immer nur Vorschläge und exemplarische Inhalte behandelt werden können.

Zunächst einmal ist festzuhalten, dass LRS oder Legasthenie auf verschiedenen Intelligenzniveaus beobachtet werden kann, das hier aber davon ausgegangen wird, dass der Lernende ansonsten eine altersgemäße Entwicklung zeigt und sich die Defizite hauptsächlich auf den Bereich des Lesens und Schreibens beschränken. Wie vorab schon erwähnt wurde, können die Ursachen sehr vielfältig sein und sich im körperlichen, psychischen Bereich oder gar im Unterricht selbst finden. Legasthenie lässt sich jedoch schwer symptomatisch erfassen. Ausgangspunkt für eine eventuelle Diagnose durch einen Psychiater oder Therapeuten bieten häufig die Beobachtungen von Erziehern und Lehrern. Wobei diese sich nun an der Fehlerhäufigkeit orientieren können und diese sich weiterhin auch über einen längerer Zeitraum (mindestens 6 Monate) feststellen lassen muss. Lange Zeit wurde nach legastheniespezifischen Fehlern gesucht, wie beispielsweise das Vertauschen von Buchstaben innerhalb eines Wortes oder die Verwechslung von einzelnen Buchstaben, die sich in Laut- oder Schriftbild ähneln (z.B.: b-d, d-t, ie-ei). In der aktuellen Forschung ist man jedoch der Meinung, dass es solche spezifischen Fehler nicht gibt, was durch verschiedene Studien belegt wurde (Ingenkamp, Lissmann 2008: S. 217). Es kann also letztendlich nur auf Häufigkeit und Resistenz der Fehler geachtet werden. Heute geht man des Weiteren davon aus, dass Schwächen in der Lautunterscheidung und Artikulation, sowie Wortschatz- und Gedächtnislücken primär für LRS verantwortlich sind.

Bevor nun die speziellen Tests und Fördermaßnahmen in bestimmten Altersstufen angeführt werden, soll zunächst noch die theoretische Basis der Lernschwächen im Bereich des Lesens und Schreibens erwähnt sein. Hierbei handelt es sich um das Konzept der phonologischen Bewusstheit. Im Kern sagt dieses aus, dass die Leseanfänger lernen müssen sich der Laute (Phoneme) eines Wortes bewusst zu werden und Einzellaute wiederzuerkennen. Weiterhin geht man davon aus, dass „fehlende oder falsche Zuordnungen (von Phonemen oder Graphemen) (...) zwangsläufig zu Lese- und Schreibfehlern [führen]" (Ingenkamp, Lissmann 2008: S. 225).

Das Konzept führte auch dazu, dass bereits vor Beginn der Schulzeit präventive Maßnahmen und Vorhersagen getroffen werden konnten. So können schon in der Vorschule oder im Kindergarten Risikokinder mit relativ großer Sicherheit bestimmt und gefördert werden. Zur Förderung in diesem Bereich zählt zumeist das Training phonologischer Vorläuferfertigkeiten. Im Konkreten bedeutet dies, dass Erzieher zum Beispiel mit Lausch- und Reimspielen die Bewusstheit für Wortlaute erhöhen, so LRS vorbeugen und den Kindern den Lese- und Schreiblernprozess erleichtern können. Ein weiterer Test im Vorschulalter ist das „Bielefelder Screeningverfahren zur Früherkennung von Lese- und Rechtschreibschwächen". Dieser Einzeltest besteht unter Anderem aus den Teiltests „Reimen", „Laute assoziieren" und „Silben segmentieren". Das Verfahren ist sehr zuverlässig und ermöglicht eine gute bis sehr gute Prognose von Lese-/ oder Rechtschreibschwierigkeiten im Vorschulalter (vgl.: Ingenkamp, Lissmann 2008: S. 221). Als geeignete Fördermaßnahme wird in diesem Lebensalter das Förderprogramm „Hören, Lauschen, Lernen" von Küspert & Schneider empfohlen.

Zur Diagnose von LRS im Grundschulalter werden oftmals Lesefertigkeitstests und diagnostische Rechtschreibtests herangezogen. Zumeist sind die Diagnoseinstrumente dann auch auf Förderprogramme bezogen. Hier sollen einerseits die diagnostischen Rechtschreibtests von Rudolf Müller erwähnt sein, die es für die 1., 2. und 3. Klasse gibt und andererseits KNUSPELS Leseaufgaben. Letzterer Test untersucht vor Allem die Lesefähigkeit und das verstehende Lesen.

Oftmals werden Kinder mit LRS in gesonderten Klassen auf ein Normalniveau hin gefördert. Dies ergibt insofern Sinn, dass diese Kinder einen intensiveren und unterstützenderen Unterricht in Bereichen des Lesens und Schreibens benötigen. Wurde in der Grundschule die Lernschwäche erkannt und dass Kind gezielt gefördert[2] muss auch der Lehrer der Sekundarschule weiterhin diagnostisch mit dem Lernenden Arbeiten und diesen weiter unterstützen. Hier gilt es beispielsweise durch Förderunterricht in kleinen Gruppen Lesen und Schreiben weiter zu trainieren und insbesondere Leseverständnis und Leseflüssigkeit zu üben. Denn viele SuS mit einer Lernschwäche im Bereich des Lesens haben besondere Probleme damit, strategisch und verstehend zu Lesen und Informationen aus einem Text zu entnehmen. Es fällt ihnen auch im jugendlichen Alter schwer Wörter zu dekodieren. Aufgrund dessen sollte der Lehrer auch besondere Strategien im Unterricht anwenden, um diesen Schülern das Lernen zu erleichtern. Zu diesen Strategien zählen unter Anderem das angeleitete Erfragen von Antworten, die Elaboration (wiederholte Erklärungen zu Verfahren oder Schritten einer Strategie) und der Unterricht in Kleingruppen (vgl. Wong 2008 S. 259). Letztendlich gibt es jedoch keine einfache Schrittfolge oder ein Rezept, um mit dieser Lernstörung umzugehen, aber im Allgemeinen gilt: „Ein gut durchdachter [Förder-] Unterricht, der (…) in den Gesamtlehrplan integriert ist, kann den Schülern (…) dabei helfen, ihre Fertigkeiten zu verbessern und zu entwickeln, und ermöglicht ihnen eine bessere Teilnahme am schulischen Lernen und an den vielen Erfahrungen des „wirklichen Lebens", für die ein effektives und effizientes Leseverständnis erforderlich ist" (Wong 2008: S. 259).

---

[2] Hier sie erwähnt, dass häufig auch ein Intelligenztest gemacht wird, um die Förderung individuell auf das geistige Niveau des Kindes zuzuschneiden. Dennoch hat eine LRS nichts mit dem Intelligenzquotienten zu tun.

4.2.2. Rechenstörung und Rechenschwäche

Dyskalkulie oder Rechenschwäche ist eine Lernstörung im Bereich der Mathematik. Sie äußert sich, wenn der Lernende bei ansonsten altergemäßen Leistungen Probleme im Beriech des Rechnens zeigt. Viel deutlicher als die Rechenschwäche, tritt die Rechenstörung zu Tage. Dyskalkulie zeigt sich in der Grundschule beispielsweise durch das andauernde Verdrehen von Zahlen „64 statt 46" und das Fehlverständnis von Aufgaben (Lernender setzt mathematische Informationen in falschen/ willkürlichen Bezug zueinander). Um die Rechenschwäche gezielt zu erkennen, kann die Lehrkraft das sogenannte „Brickenkamp Handbuch" mit standardisierten Mathematiktests heranziehen.

Doch wie genau kann sich die Störung im Lernbereich Mathematik noch erklären lassen und was kann man effektiv im Unterricht dagegen tun?

Häufig sind die Leistungen von SuS mit Lernstörungen im mathematischen Bereich weit unter dem Durchschnittsniveau, was unter Anderem daran liegt, dass sie „Schwierigkeiten beim Konzeptualisieren von mathematischen Operationen, bei der Repräsentation und beim automatischen Abruf von mathematischen Fakten, beim Konzeptualisieren und Lernen von Algorithmen und mathematischen Formeln oder beim Lösen von mathematischen Textaufgaben habon" (Wong 2008: S.311). Dies führt dann meist auch zu mangelnder Motivation und geringem Selbstwertgefühl. Der Erste, was man also tun kann ist das Vertrauen der SuS in die eigenen Fähigkeiten zu stärken. Man kann den Lernenden verdeutlichen, dass jeder auch in Mathematik auf seinem Niveau wachsen kann. Hier wird mit der individuellen Bezugsnorm argumentiert. Immer vorteilhaft ist ein gut geplanter Förderunterricht für Lernschwache SuS, bei dem Kernthematiken wiederholt und gefestigt werden. Gerade für Kinder mit Lernstörungen ist es auch sinnvoll Wahlaufgaben im Unterricht einzusetzen, um mit Heterogenität umzugehen. Unerlässlich bei schwerwiegenderen Störungen ist auch ein individueller Förderplan, der mehr Übungen und Erklärungen für den Lernenden bereithält. Weiterhin kann es auch sehr hilfreich sein, lernschwachen SuS eine Orientierung an Musterbeispielen zu ermöglichen und nicht den Schwerpunkt auf die symbolische Ebene zu legen (vgl. Bruder, Leuders, Büchter 2008: S.37ff.).

4.3. Verhaltensstörungen und emotionale Störungen

Im Folgenden soll nun kurz auf einen weiteren wichtigen Aspekt schulischer Arbeit im Zusammenhang mit Lernhemmungen eingegangen werden, die Verhaltensstörungen oder emotionalen Störungen. Häufig tritt erst durch beobachtete Störbilder und abweichendes Verhalten eine Entwicklungsstörung zutage. So können sich LRS und Rechenschwäche im Verhalten des Lernenden beispielsweise durch Aggressivität, Hyperaktivität und Aufmerksamkeits- und Wahrnehmungsstörungen (ADS/ ADHS) äußern (vgl.: www.foederung.bildung-rp.de/individuelle-foederung.html, Stand: 20.08.2010). Letzteres Störbild ist das häufigste im Kindes- und Jugendalter. Aufgrund von ADS/ ADHS können sich in der Schule Probleme bezüglich „Lern- und Leistungsmotivation, Anstrengungsbereitschaft, Ausdauer im Umgang mit (umfangreichen) Aufgabenstellungen sowie Auffälligkeiten im Bereich des Verhaltens [ergeben]" (www.foederung.bildung-rp.de/individuelle-foederung.html, Stand: 20.08.2010). Für diese Kinder ist eine einheitliche Orientierung besonders wichtig, weshalb die schulische Förderung in diesem Falle immer in Absprache mit den Eltern geregelt werden sollte. Häufig werden solche Verhaltensstörungen mittels spezieller Beobachtungsbögen bereits im Vorschulalter festgestellt (Beispiel: Beobachtungsbogen zur taktil-kinästhetischen Wahrnehmung und Motorik, Pfluger-Jakob 2007: S.75ff.). Im frühkindlichen Verhalten äußert sich eine Wahrnehmungsstörung unter Anderem durch eine missmutige Grundstimmung des Kindes, Spielunlust, Aggressivität, mangelndes Interesse, geringe Frustrationstoleranz, depressives Verhalten und Ängste (vgl.: Pfluger-Jakob 2007: S. 28). Ein Förderansatz für SuS mit Lernschwächen und ADS/ ADHS besteht darin Strategien der Selbstregulation zu trainieren. Das bedeutet, die Lernenden fragen sich beispielsweise in regelmäßigen Abständen selbst, ob sie zuhören und im Unterricht mitarbeiten. Diese Technik des Selbstmonitorings hat sich bei Kindern mit ADS/ ADHS als sehr positiv erwiesen (vgl. Wong 2008: S.163). Eine weitere Technik ist die Selbstevaluation, bei der Lernende eigenes Verhalten einschätzen und diese Einschätzung mit der eines Fremdbeobachters verglichen wird. Alles in Allem helfen die Strategien der Selbstregulation beim Setzen neuer

Ziele und können auch das Unterrichtsklima verbessern, da SuS mit ADS/ ADHS häufig durch Störverhalten auffallen, welches sich jedoch durch Selbstüberwachung verringern lässt (vgl. Wong: S.171).

Neben ADS und ADHS gibt es jedoch auch eine emotionale Störung, die bei SuS mit Lernschwierigkeiten häufig auftritt und deshalb hier erwähnt werden soll. Es handelt sich um Angst oder Neurosen, die immer häufiger Thema an Schulen sind. Die Brisanz des Aspekts wird deutlich, führt man sich vor Augen, dass jährlich 400000 junge Menschen sitzenbleiben und Selbstmord, häufig aufgrund schulischer Probleme, die zweithäufigste Todesursache von 10 bis 20 Jahren ist (vgl.: Winkel 2009: S. 238f). Lernen an Schulen sollte jedoch nichts mit Angst zu tun haben, dennoch haben viele SuS Versagensängste, Angst vor Strafe oder bestimmten Lehrern, Angst vor der Zukunft oder Angst vor Konflikten. Wird der Verdacht auf eine emotionale Störung deutlich, ist es Aufgabe des Lehrers sich über die Ursachen Gedanken zu machen und mit den Eltern und einem Therapeuten zusammenzuarbeiten. Diese vermitteln spezielle Techniken und Strategien, um beispielsweise Neurosen und Hemmungen, oder auch Aggressionen abzubauen. Immer ist es jedoch auch unabdingbar, dass die Lehrkraft ihr eigenes Verhalten im Unterricht reflektiert, wobei auch wechselseitige Hospitationen mit anderen Kollegen hilfreich sein können.

5. Ausblick: Der Förderdiagnostische Prozess – Ein Leitfaden

Es wurde verdeutlicht, dass es in den Schulen durch die aktuellen gesellschaftlichen und sozialen Entwicklungen immer mehr Kinder und Jugendliche mit Lernhemmungen und Lernschwierigkeiten gibt und das diese zu schwerwiegenden Verhaltensstörungen und emotionalen Störungen führen können. Es ist Aufgabe der Lernkraft auch diese SuS entwicklungsgemäß zu fördern und mit Störungen im Unterricht konstruktiv umzugehen. Dazu ist die diagnostische Kompetenz der Lehrkraft gefordert. In Abbildung 1 wird ein Leitfaden angeboten, den die Lehrkraft nutzen kann, wenn nach einem Lernangebot, dass immer den Ausgangspunkt bildet, Lernhemmungen auftreten. Es ist dann Angelegenheit des Lehrers den Lehr- und Lernprozess an der Stelle, wo Hemmungen auftreten genauer zu untersuchen und zu reflektieren. Erst eine genaue Analyse und Beobachtung ermöglicht das Bilden einer Hypothese über die Ursachen der Lernschwierigkeit. Bei dieser Vermutung verlässt sich der Lehrer auf seine diagnostische Kompetenz, die Wissen und Fähigkeiten vereint. Das heißt also, die erste diagnostische Fragestellung und Hypothese wird auf Basis von allgemeinem Wissen über Lernprozesse, über Erwerbsprozesse und über Lernstörungen und andererseits auf Basis von Wissen über den Lernenden selbst und dessen Lernbedingungen, entwickelt. Anhand dieser Vermutungen wählt der Lehrende diagnostische Methoden aus, um seine Vermutungen zu bestätigen oder zu widerlegen und wertet dann seine Ergebnisse aus. Verwirft er die

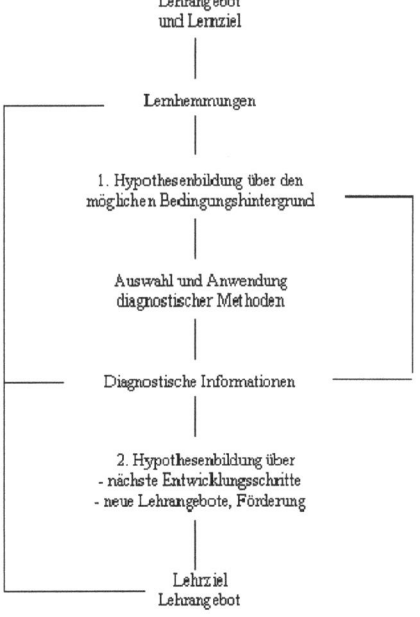

Abbildung 1

Hypothese, beginnt er neue Vermutungen zu bilden und neue diagnostische Methoden auszuwählen, um weitere Informationen zu sammeln. Sieht sich die Lehrkraft jedoch in seiner Hypothese bestätigt, formuliert er weitere Entwicklungsschritte und neue Lehrangebote, die spezielle auf die Lernschwierigkeit des Schülers abgestimmt sind und auf eine individuelle Förderung abzielen. Letztendlich muss an dieser Stelle auch der Verdacht auf schwerwiegende Störungen kommuniziert werden und mit anderen Fachlehrern und den Eltern Kontakt aufgenommen werden. Am Ende des förderdiagnostischen Prozesses steht ein neues Lehrziel mit einem veränderten Lehrangebot. Die Förderdiagnostik ist jedoch ein fortlaufender Prozess, bei dem auch bestehende Förderangebote immer wieder überprüft und verbessert werden müssen und neue Entwicklungs- und Lernziele formuliert werden.

17

Literaturverzeichnis

Bruder, Regina/ Leuders, Timo/ Büchter, Andreas (2008): Mathematikunterricht entwickeln. Bausteine für kompetenzorientiertes Unterrichten. Berlin: Cornelsen Verlag Scriptor GmbH.

Paradies, Liane/ Linser, Hans Jürgen/ Greving, Johannes (2007): Diagnostizieren, Fordern und Fördern. Berlin: Cornelsen Verlag Scriptor GmbH.

Ingenkamp, Karlheinz/ Lissmann, Urban (2008): Lehrbuch der Pädagogischen Diagnostik. Weinheim und Basel: Beltz Verlag.

Wong, Bernice Y.L. (2008): Lernstörungen verstehen. Berlin und Heidelberg: Springer-Verlag.

Pfluger-Jakob, Maria (2007): Kinder mit Wahrnehmungsstörungen erkennen, verstehen, fördern. Freiburg, Basel, Wien: Herder Verlag.

Winkel, Rainer (2009): Der gestörte Unterricht. Diagnostische und therapeutische Möglichkeiten. Hohengehren: Schneider Verlag.

Internetquellen

www.foederung.bildung-rp.de/individuelle-foederung.html, Stand: 20.08.2010

www.sonderpaed-online.de, Stand: 20.08.2010

www.psydok.sulb.uni-saarland.de/volltexte/2005/499/html/www.uni-wuerzburg.de/sopaed1/breitenbach/foerderdiagnostik/breitenbach2000.htm, Stand: 22.08.2010

Abbildungsverzeichnis